AF452350

HISTOIRE

DES

QUINZE SEMAINES,

OU

LE DERNIER RÈGNE DE BONAPARTE.

HISTOIRE

DES

QUINZE SEMAINES,

OU

LE DERNIER RÈGNE DE BONAPARTE;

Par M. MICHAUD, *Lecteur du Roi, Membre de l'Institut, etc.*

VINGTIÈME ÉDITION.

A PARIS,

Chez LONGCHAMPS, Libraire, rue du Cimetière-Saint-André-des-Arts, N°. 3.

IMPRIMERIE DE MOREAUX, RUE SAINT-HONORÉ, N°. 315.

Août 1815.

HISTOIRE

DES

QUINZE SEMAINES.

Une puissance monstrueuse opprimait la France, et menaçait l'univers; elle gouvernait au bruit des armes; la foudre proclamait ses lois; cette puissance, après un règne de trois mois, après une campagne de trois jours, s'est évanouie comme l'ombre, et nous avons tous répété ces paroles de l'écriture : *j'ai vu l'impie adoré sur la terre, etc.*

Au mois de mars dernier, les sages de la nation disaient : *Bonaparte nous amène la guerre civile et la guerre étrangère.* Les complices de Bonaparte répondaient en criant : *vive l'empereur ! vive Napoléon !* Les prédictions des sages n'ont été que trop accomplies. Le navire qui a jeté Bonaparte sur nos côtes , semblable à ces vaisseaux qui reviennent du levant et recèlent dans leurs flancs le germe d'une funeste contagion, nous avait apporté le deuil et la mort : au premier signal , le génie de la révolution , monstre long-temps enchaîné, avait fait entendre ses rugissemens ; le mensonge et l'erreur avaient repris leur empire ; toutes les blessures de la patrie s'étaient rouvertes ; toutes les maladies de l'esprit humain qu'on croyait guéries , ont reparu avec des simptômes effrayans. Tandis qu'une multitude insensée, criait sur le chemin de Bonaparte , *vive l'empereur ! vive la liberté !* un cri d'alarme se faisait entendre chez les peuples voisins ; une barrière s'est élevée entre le peuple français et les autres nations ; un crèpe noir semblait placé sur nos frontières , comme dans les jours où la peste exerce ses ravages, pour avertir les voyageurs de s'éloigner d'une terre où les malédictions du ciel venaient de tomber. Lorsqu'ils ont vu le deuil et les malheurs de la France, lorsqu'ils ont vu l'Europe en armes, les partisans de Bonaparte ont crié encore : *vive l'empereur !*

Ce cri menaçant était la réponse à tous les avis de la sagesse, à toutes les plaintes de l'adversité ; toutes les familles ont été dans le désespoir pour que la famille de Bonaparte fût dans la joie ; trois cent mille hommes ont couru à la mort, pour qu'un seul homme fût sauvé ; les pères étaient forcés de livrer leurs enfans, les riches leurs trésors, le pauvre, le prix de ses sueurs, pour défendre celui qui attirait tant de maux sur la France : le cri de *vive l'empereur ! vive Napoléon !* continuait à étouffer tous les murmures ; et du sein de la misère, du milieu des ruines, des voix s'élevaient encore pour crier : *vive l'empereur!* Ces terribles paroles étaient comme un cri de mort, qui jettaient partout l'épouvante, et retentissaient dans tous les lieux où se méditaient d'affreux complots, de sanglans attentats ; le peuple consterné criait : *vive l'empereur!* pour obtenir miséricorde ; il fallait crier *vive Na-poléon !* pour conserver ses biens , pour sauver sa vie. On faisait répéter ce cri de mort aux victimes tremblantes de la tyrannie; les malheureux Français accablés de fers, partout menacés, partout poursuivis, entendaient crier partout : *vive l'empereur !* Ceux qui allaient verser leur sang pour Bonaparte , volaient au carnage en répétant *vive Napoléon !* Dans nos villes de guerre , sur les champs de bataille , sur toutes nos frontières, partout on répétait ces paroles que des gladiateurs marchant à la mort adressaient à Caligula : *ceux qui vont mourrir saluent l'empereur.*

La France n'oubliera point le jour où le meilleur des rois quitta sa capitale, vers laquelle marchait en triomphe un farouche usurpateur. Les cris du désespoir retentissaient dans les rues et sur les places publiques : le château des Tuileries était rempli de scènes de deuil, et devait bientôt offrir un plus douloureux spectacle, celui du triomphe et de la joie des méchants. L'histoire peindra la douleur de ces grenadiers de la garde nationale parisienne qui fondaient en larmes , et se jettaient aux genoux d'un roi malheureux, en lui demandant sa bénédiction. La postérité versera des pleurs d'attendrissement, lorsqu'elle apprendra la sublime résignation du monarque et la profonde douleur du père de famille , arraché des bras de ses enfans.

Bonaparte n'était point encore arrivé, et le souvenir d'un bon roi , les profonds regrets qu'il avait laissés , gouvernaient seuls la capitale , contenaient les ennemis de la royauté , suffisaient pour maintenir l'ordre et la paix. Le roi de France , exilé de sa ville de Paris , traversait les provinces, accompagné de quelques serviteurs fidèles; il n'avait point d'armée , mais il était gardé par l'affection de ses sujets; des témoignages d'amour et de respect éclataient partout sur son passage ; chaque ville voulait le retenir dans ses murs , et tout le peuple jurait de mourir pour lui ; mais la trahison s'efforçait de le séparer d'une nation fidèle. Une soldatesque qu'on avait égarée , des généraux parjures qui osaient parler de la patrie et de la gloire nationale , se plaçaient partout entre le monarque et son peuple ; le père de la patrie fuyait, et la patrie fuyait avec lui ; le peuple faisait de longs adieux à son monarque, et le monarque cherchait à consoler son peuple. Bientôt, les vœux, les regrets, les prières de la France ont suivi sur une terre étrangère un prince qui ne vivait que pour le bonheur et la gloire des Français.

Dans le même temps, Bonaparte arrivait, précédé par la terreur. Des cris de guerre se faisaient entendre sur son passage. Entouré de canons, au milieu d'une haie de soldats, il s'avançait comme un ennemi victorieux ; à son approche, l'air retentissait de menaces et de blasphêmes ; la discorde secouait ses horribles flambeaux ; les mères pressaient leurs enfans dans leurs bras en frémissant de crainte ; les bons citoyens gardaient un morne silence, et détournaient leurs regards, en pleurant sur les maux de la patrie. On ne voyait dans les rues, sur les chemins, que des soldats ivres, que des hommes couverts des haillons de la misère, fi-

dèle et douloureuse image du gouvernement qui
allait s'établir.

Celui qui avait signalé son règne par le plus
odieux despotisme, revenait en prononçant le
mot d'*idées libérales* ; ce mot, interprété par
les plus honteuses passions, était comme un ta-
lisman qui avait la faculté d'égarer les esprits,
et de rendre les hommes stupides. A ce mot,
tous les factieux vieillis dans les troubles de la
révolution, tous les aventuriers qui n'avaient
de patrie que l'univers, et qui parcouraient le
monde une constitution à la main, tous ceux
qui fondaient leur fortune sur le désordre, et qui
disaient comme Job, que l'or vient de l'aquilon,
tous les esprits faux, tous les esprits pervers
crurent que la France leur était livrée, aux uns,
pour faire des expériences politiques, aux autres,
pour devenir leur proie. Avec un pareil cortège,
Bonaparte nous avait fait passer de son despotisme au règne des idées libérales, sans qu'on
pût s'apercevoir d'aucun changement ; ce qui
prouve que les idées libérales, expliquées par

la mauvaise foi , ne sont pas loin du despo-tisme , et qu'elles doivent être regardées comme un des instrumens de la tyrannie. Les mots qu'on ne peut définir , et qui n'ont point de signification précise , enflamment aisément l'es-prit du peuple , et secondent merveilleusement le génie des révolutions.

Les idées libérales , si on entend par ce mot, l'amour de l'égalité , l'amour de la liberté, sont mieux exprimées dans l'Evangile que dans les livres de nos philosophes ; mais dans l'E-vangile, les idées libérales s'unissent aux dé-sintéressement, à l'humilité , tandis que les no-vateurs ont trouvé le secret de les allier avec l'orgueil , l'ambition et l'avarice. Les apôtres de l'Evangile, en prêchant les idées libérales, foulaient aux pieds les choses de la terre ; les novateurs , au contraire , ne prêchent aujour-d'hui les idées libérales, que pour obtenir des honneurs, des richesses , et pour arriver à l'em-pire.

Bonaparte qui avait été chassé par une coa-

lition de rois, savait qu'il pouvait être rappelé en France par la coalition de tous les vices.
A peine est-il débarqué qu'il s'adresse à l'orgueil, à l'avarice, à l'ambition, et leur dit :
vous régnerez avec moi. Aussitôt les partisans
des idées libérales se sont fait les ministres
du despotisme qui les admettait en partage de
l'autorité, et qui leur promettait les dépouilles du
parti vaincu. Le nom de l'empereur a été pour
eux comme le synonime de l'égalité révolutionnaire, à l'aide de laquelle naguères ils s'é-
taient élevés au-dessus du peuple. Ils ont résolu
de se servir de Bonaparte, comme ils se ser-
vaient autrefois de la liberté, pour effrayer et
gouverner le monde. Ainsi les idées libérales
n'étaient ni la véritable liberté, ni la véritable
égalité, mais la tyrannie de plusieurs, en attendant que le despotisme d'un seul pût être
rétabli par les bayonnettes, et pût refleurir par
la victoire.

C'est en passant la revue des gardes prétorien-
nes, que Bonaparte nous promettait les beaux
jours d'une république. Entouré de ses nombreux

satellites , il prêchait les idées libérales comme Mahomet prêchait son Alcoran. En arrivant sur le territoire français , ce terrible apôtre de la liberté , avait déjà dressé des tables de proscription ; l'exil de plusieurs milliers de citoyens, les confiscations, les séquestres avaient signalé son retour dans la capitale. Quelques hommes, connus par leur modération , avaient entrepris d'arrêter ses fureurs , et d'adoucir les rigueurs de la tyrannie ; mais telle était la malheureuse position des choses , tel était l'égarement des esprits , qu'on ne pouvait s'opposer au despotisme qu'en prêchant la licence. Pour se défendre des entreprises d'un tyran, on invoquait le génie de la révolution, non moins redoutable que la tyrannie, et qui devait bientôt remettre la France sous le joug du despotisme le plus odieux.

Déjà l'anarchie , espoir des tyrans , avait étouffé toute espèce de liberté ; on se vantait de ne connaître d'autre servitude que celle des lois , et la France n'avait plus de lois ; on citait le peuple français comme le

modèle des peuples libres , et dix mille agens
de la tyrannie , au nom des idées libérales ,
disposaient à leur gré de la fortune et de la liberté des citoyens. On avait envoyé dans toutes les provinces des commissaires extraordinai-
res, pour que le despotisme fût présent partout.
Ainsi l'enfer envoye ses mauvais anges, qui parcourent le monde avec la funeste mission de
pervertir , de corrompre l'espèce humaine , de
semer partout la discorde ; ces commissaires
étaient chargés de détruire en tous lieux le bien
qu'avait fait le roi de France; ils étaient chargés
de faire triompher le génie du mal , de persé-
cuter les Français fidèles , de récompenser les
séditieux et les traîtres.

Les chemins étoient couverts de *fédérés* ,
nouvelle espèce de jacobins , armés à la fois
de la parole et du glaive , qui allaient de
ville en ville pour réchauffer la multitude égarée. Ils se vantaient de n'avoir pris les armes
que pour exterminer les royalistes; ils dési-
gnaient comme royalistes tous ceux dont ils en-
viaient les propriétés, ils animaient les citoyens

contre les citoyens, et se préparaient à la guerre étrangère par la guerre civile. Chaque quartier dans la capitale, chaque cité, chaque canton dans les provinces, avait ses tyrans, décorés du nom d'amis de la liberté et de la patrie. Chaque village avait ses délateurs, nuit et jour occupés à poursuivre la vertu qui se dérobait aux regards de la tyrannie, et le malheur qui cherchait un asyle. Tous ces apôtres de la sédition parlaient avec une insolente ironie du gouvernement paternel des Bourbons ; ils disaient dans leurs proclamations, *malheur aux riches*, *malheur aux nobles*, *malheur aux amis des rois légitimes*. Ils insultaient à la providence qu'ils accusaient d'avoir ramené parmi nous le meilleur des princes. Ils haïssaient Dieu, parce qu'on leur avait dit que l'autorité des rois vient de Dieu. Les ministres de la religion qui avaient prié pour le roi de France, étaient accablés d'outrages et forcés de prier pour l'oppresseur de la patrie. Dans plusieurs villes, le sanctuaire avait vu se renouveller les horribles scandales du règne de la terreur. Une multitude effrénée avait troublé le service divin, et crié au milieu des fidèles assemblés , *à bas le paradis , vive l'enfer !* Au pied des autels du dieu clément , on jurait la mort de tous ceux qui n'avaient point oublié ses lois , et qui parlaient avec respect d'un monarque , sa plus fidèle image sur la terre ; depuis la Seine jusqu'à l'Isère , depuis l'Isère jusqu'au Rhin, les méchans s'étaient levés, et s'écriaient : *nous sommes la nation ; nos volontés sont des lois.* Tous ceux qui résistaient à la trahison , ceux qui méprisaient le parjure , étaient désignés comme les ennemis de la patrie ; à toute heure du jour et de la nuit, une populace inquiète et turbulente entourait leurs demeures, poursuivait leurs familles, épiait leurs actions , menaçait leur vie. La France , comme une terre de feu , était prête à dévorer ses habitans , et n'offrait partout que le spectacle d'un effroyable désordre.

Cependant le duc d'Angoulême dans la Provence ralliait les bons Français , et bravait tous les dangers pour sauver le royaume prêt à périr; toutes les espérances de la patrie se portaient vers un prince magnanime ; mais Bonaparte avait partout des complices ; le génie de la revolte avait partout des émissaires ; en vain les bords de la Durance voyaient accourir un peuple fidèle, en vain un jeune prince l'espoir de la monarchie, fait des prodiges de valeur, et montre à l'Europe le digne rejetton d'une famille féconde en héros : l'héritier du trône de saint Louis est abandonné par les soldats français, et ses mains qui doivent un jour porter le sceptre royal sont chargées de fers. La cause de l'antique France succombait de toutes parts : le silence du désespoir avait succédé aux bruyantes acclamations par lesquelles les peuples saluaient les Bourbons, et les braves restés fidèles à la monarchie, s'éloignaient de la France, en répétant : *tout est perdu hors l'honneur.*

Dans le même temps la fille de Louis XVI, animait par ses discours et par son noble exemple, le patriotisme et le zèle des habitans de Bordeaux ; tout le peuple se ralliait autour d'elle, mais les soldats qui sous l'influence de Bonaparte avaient perdu le caractère et l'esprit français, étouffaient la voix des citoyens, et rejettaient les prières d'une héroïne, l'honneur et la gloire de la patrie. En vain déployant la vertu de son ayeule, Marie-Thérèse, cette princesse parcourt les rangs des guerriers ; en vain elle les conjure, en vain elle les presse de défendre le trône des lys contre des rebelles. Elle dit aux officiers : *obéissez à vos sermens* : ils restent immobiles. Elle dit aux soldats : *sauvez la France et votre roi :* ils restent immobiles. Ni le sentiment du devoir, ni le salut de la France, ni la vue d'une auguste infortune, ni le spectacle d'une princesse en larmes, rien n'a pu toucher leurs cœurs. Le mépris d'une si haute vertu est le crime le plus odieux de cette époque désastreuse et suffit seul pour caractériser le règne d'un farouche étranger.

Déjà la tyrannie ne trouvant plus d'obstacles, foulait la France sous ses pieds de fer et d'airain, et la multitude s'obstinait à répéter, *vive la liberté! vive l'empereur!* Dans la foule aveugle des adorateurs de Bonaparte, l'usurpation avait pris le nom de légitimité ; la fidélité n'était plus qu'une noire trahison ; le crime était devenu la vertu : la tyrannie a besoin de chan-

2 *

ger le langage des peuples pour les tromper ,
elle a besoin de les tromper pour les asservir.
Ceux que la justice repousse sont naturellement
portés à dénaturer les idées du juste et de l'injuste, pour apaiser leur propre conscience et
celle de leurs complices. Lorsque les opinions
établies ne leur sont pas favorables , il leur faut
créer des opinions nouvelles. Les factieux et
les tyrans se montrent sur-tout habiles à corrompre les vieilles institutions , pour con-
sacrer des désordres et des crimes nouveaux.
Bonaparte, toujours fidèle à sa politique, con-
voque une assemblée du Champ de mai; le nom
de Champ de mai semblait nous rappeler un
souvenir national ; on aurait pu croire qu'un
autre Charlemagne remontait sur le trône , et
relevait , parmi nous , l'empire de l'Occident.
Mais quel était l'homme qui convoquait l'assemblée du Champ de mai ? l'usurpateur de la
couronne des rois , le chef d'une milice rebelle!
On ne voyait point arriver au nouveau Champ
de mai , ni ces barons , ni ces vidames , ni ces
preux chevaliers qui, chez nos ayeux, étaient l'é-

clat et le soutien de la monarchie française ;
mais quelques hommes de loi , les uns ignorés ,
les autres trop connus, qui accouraient pour détruire tout ce qui restait des lois et de la religion
de nos pères , tout ce qui restait de l'antique
monarchie ; des vétérans et des disciples de la
révolution, qui venaient pour livrer la patrie à
d'ignobles tyrans , et le sceptre aux mains d'un
étranger.

Bonaparte n'avait pas besoin du Champ de
mai pour s'emparer de l'autorité ; il n'avait pas
attendu les décisions du Champ de mai, pour
sortir de son île ; mais il voulait faire con-
sacrer son usurpation, et donner à la tyrannie
les formes de la liberté : il voulait faire croire
aux peuples , que l'ouvrage du glaive était leur
propre ouvrage. Après avoir asservi et désolé la
nation française , il voulait lui faire un dernier
outrage en invoquant son nom. Il voulait enfin , que les clameurs de la révolte fussent ré-
digées en constitution, et que la honte de la
France devînt comme une loi de l'état.

Bientôt une foule de députés, choisis par une

minorité séditieuse, assiégent la tribune aux harangues, et viennent nous dire qu'ils ont la confiance du peuple français qui ne les a point nommés et qui ne les connaît point ; ils font parler la nation qui s'obstine à garder un silence accusateur ; ils proclament la guerre au nom de la patrie qui ne soupire qu'après la paix ; ils déclament contre les étrangers, et le plus barbare de tous les étrangers obtient leurs éloges et leurs suffrages. Ils accusent tous ceux qui ne partagent point leur délire, de n'être pas Français, comme s'ils étaient eux-mêmes des Français ces hommes pour qui l'histoire de notre patrie semble une histoire étrangère ; ces hommes qui osent nous dire que la gloire de la France n'a commencé qu'avec Bonaparte, et doit finir avec lui.

Les législateurs de Napoléon invoquent la souveraineté du peuple ; mais la souveraineté du peuple n'est qu'une abstraction à l'aide de laquelle ils trompent la multitude. On disait à Cromwel, que s'il s'emparait de l'autorité suprême, il aurait contre lui les neuf dixièmes du peuple Anglais ; si j'ai pour moi , répondait-il, la dixième partie du peuple , et que je me serve de cette dixième partie , pour comprimer les neuf autres , ne serai-je pas le maître ! Bonaparte et ses législateurs raisonnent comme Cromwel , et n'ont d'autre politique que la sienne. Le peuple qui leur résiste n'est qu'une vile populace ; la fraction du peuple qui leur est favorable , prend seule à leurs yeux le titre de souverain , et peut seule dispenser les dignités et les couronnes.

Cette vaine doctrine de la souveraineté du peuple , telle qu'elle nous a été enseignée dans la révolution , doit être enfin appréciée par les Français de 1815. Dans le cours de nos agitations, il n'est point d'opinion , il n'est point de système politique, point de paradoxe qui n'ait eu un certain nombre de partisans ; à mesure que les circonstances venaient à les favoriser, les partisans de telle opinion , de tel système ; de tel paradoxe , devenaient le peuple souverain, et se montraient toujours prêts à déléguer leur souveraineté à celui qui flattait leur passion , à celui qui célébrait leur triomphe.

Depuis vingt-cinq ans, nous avons eu en France, plusieurs *peuples souverains*, qui nous ont tour-à-tour dicté des lois, nous ont tour-à-tour promis la liberté, nous ont tour-à-tour entraînés dans leur chute. Sans doute que le peuple est souverain ; mais à quel signe peut-on reconnaître sa souveraineté? en quel lieu ce souverain tient-il sa cour? quels sont les ministres qu'il a choisis pour exécuter ses volontés? en quelle langue rend - il ses suprêmes décisions? Oui, sans doute, le peuple est souverain ; mais ce souverain ne siège ni sur les places publiques, ni dans les clubs, ni à la tribune des députés ! Il n'habite point le penchant d'une montagne, le rivage d'un fleuve ; il ne se renferme point ni dans l'enceinte d'un camp, ni dans l'enceinte d'une ville ou d'un faubourg. S'il était permis de parler de ce qui est sacré en parlant des choses de la terre, on pourrait comparer la souveraineté du peuple à la divinité, qui ne se dévoile nulle part aux yeux des mortels, mais qui se montre partout dans ses œu-

vres. Comme la divinité, le peuple souverain
ne change point ce qu'il a fait la veille , il ne
se dément point, il ne se contredit point; il est
invariable, dans sa volonté; comme la divinité
enfin, il juge en silence ceux qui osent se pro-
clamer ses interprêtes ; il tolère les erreurs de
ceux qui veulent se servir de son nom; il souffre,
sans se plaindre , les outrages, les blasphêmes,
et se montre patient, parce qu'il est éternel. Sa
gloire est dans le souvenir des ayeux , dans
les monumens du génie et des arts; dans les
campagnes couvertes de moissons , dans les
villes où fleurissent le commerce et l'industrie.
Pour connaître ses opinions , il faut long-
temps étudier ses intérêts et ses mœurs : sa
volonté n'est point dans les constitutions qui
changent sans cesse , mais dans les usages, dans
les habitudes que le climat et le temps ont for-
mées , dans les institutions qui ont obtenu l'as-
sentiment de plusieurs générations.

Les législateurs qui voulaient au nom de Bonaparte nous dicter des lois , ne trouvaient le
peuple que dans l'armée. Comme ces législa-

teurs devaient leur élection aux bayonnettes, ils ne voyaient la gloire de la patrie que dans le tumulte des combats. On sait qu'en Angleterre, où nos sages modernes vont sans cesse chercher leurs modèles, la présence d'une armée remplit d'effroi tous les amis de la liberté publique. En France, au contraire, ceux qui se vantaient d'avoir brisé nos chaînes, n'étaient rassurés que par l'aspect des armes. C'est à l'armée qu'on croyait être redevable de la liberté. Bonaparte avait dit aux soldats : *tout ce qu'on a fait sans vous consulter est illégal*. Ce mot était devenu un axiome de la législation. Les soldats étaient appelés au *Champ-de-Mai* et dans les assemblées politiques ; leur présence pouvait seule légitimer les travaux des législateurs : ainsi l'épée faisait des lois ; le sabre travaillait aux constitutions de l'empire. C'est à des législateurs guerriers que Bonaparte proposait ses résolutions, et le despotisme sortait tout armé de leurs mains.

Nos philosophes modernes ne cessaient de déclamer contre le fanatisme religieux qu'ils accusaient d'avoir fait verser des torrens de sang; mais ils n'élevaient point la voix contre la guerre qui dans l'espace de quelques années avait fait périr plusieurs millions d'hommes. Ils aimaient la guerre avec fanatisme; c'est avec la guerre, c'est par la guerre qu'ils voulaient fonder un gouvernement libéral. Pour que la France fût libre, tout le monde devait courir à la mort; tous les Français devaient mourir pour la liberté dont on parlait à la tribune; mais il n'était permis à personne de vivre pour elle. On voulait que la nation ne fût qu'une armée, que la France ne fût qu'un camp. Il fallait qu'il y eût une batterie à la porte de chaque maison, des fortifications dans toutes les rues, du canon dans chaque promenade. On déclarait mauvais citoyens tous ceux qui ne désertaient pas les ateliers de l'industrie, tous ceux qui n'abandonnaient pas leurs moissons pour voler aux armes. Le patriotisme consistait à n'avoir point de famille, à négliger tous les travaux qui font la prospérité de la patrie, à s'entourer de ruines et de sanglantes

images. Déjà on avait proposé des récompenses
à ceux qui ravageraient les campagnes, à ceux
qui brûleraient les villes. On envoyait d'abord
la jeunesse à la mort, on s'emparait ensuite
de l'âge mûr ; la vieillesse n'était point un asyle,
les infirmités une excuse. Le législateur ne s'occupait plus de protéger la vie et la propriété
des citoyens ; pour que la France pût faire la
guerre, toutes les lois condamnaient les Français
à se dépouiller de leurs biens ; toutes les lois
leur ordonnaient de mourir.

C'est dans cet esprit que se formaient toutes
les institutions auxquelles devait se rattacher le
sort des Français : l'éducation publique était
toute militaire ; chacune de nos écoles semblait
être une place de guerre ; chaque pensionnat
une garnison : les lois, les mœurs, les usages,
tout était changé au gré d'un despote conquérant. La génération future devait naître dans
la guerre, et vivre dans la guerre. Cependant
Bonaparte protestait de ses intentions pacifi-
ques, et disait à l'Europe que la modération
était dans son conseil, qu'elle était assise à ses

côtés sur le trône. Lorsque l'Europe entendait ces protestations , il lui semblait entendre le génie des tempêtes , qui , après avoir déchaîné tous les vents , se vantait de calmer les flots de la mer, et promettait de rendre au Monde des jours purs et sereins. Le retour de Bonaparte avait enflammé toutes les passions qui appellent les révolutions , qui entretiennent la guerre ; il n'était point en sa puissance d'arrêter les progrès du vaste incendie qu'il avait allumé.

Lorsque toutes les pensées se portaient ainsi vers la guerre, l'esprit de spoliation et de conquête qui caractérisait la domination de Bonaparte , devenait commun à tous ses partisans , et se répandait dans le peuple comme une contagion malheureuse. Chacun des adorateurs de Napoléon , à l'exemple du maître, ne songeait qu'à s'élever , qu'à s'agrandir à l'aide de la révolution. Parmi les apôtres des doctrines nouvelles , tout le monde songeait à conquérir, et la France avait une foule de petits conquérans qui dévoraient en idée toutes les fortunes , qui voulaient envahir

toutes les dignités, tandis que Bonaparte, l'épée
à la main, se rendait maître d'un empire. Dans
les villes et les campagnes il n'était point d'homme
du peuple, point de bourgeois tant soit peu *Bo-
napartiste*, qui n'eût les yeux sur le comptoir
du marchand, sur le château du seigneur, sur
les terres du voisin, tandis que Napoléon avait
les yeux sur les royaumes de l'Europe. Les
partisans de Bonaparte étaient persuadés que
son usurpation finirait par autoriser tous les
genres d'usurpations, et qu'ils pourraient ac-
quérir des prés, des terres, des maisons, des
richesses, des honneurs, comme leur empereur
avait acquis des couronnes. Ainsi le peuple éga-
ré arrivait peu-à-peu à ne reconnaître d'autre
droit que celui du plus fort. Depuis qu'on avait
méconnu la légitimité du souverain, rien ne
semblait légitime ; le droit des propriétaires ne
paraissait pas plus sacré que celui des rois ; ainsi
l'exemple de Bonaparte affaiblissait chaque jour
les idées du juste et de l'injuste, tendait à con-
sacrer partout le règne de la violence, répan-

dait partout un funeste esprit d'ambition , et mettait la société dans un état perpétuel de révolution et de guerre où la multitude était armée contre les riches et n'attendait qu'un signal pour courir au pillage.

C'est surtout dans l'armée que se manifestait cet esprit de cupidité et de domination , ce besoin de suivre l'exemple de Bonaparte , et de s'associer à sa fortune extraordinaire. Depuis le simple soldat jusqu'au général, chacun avait des prétentions que la guerre seule pouvait satisfaire : il fallait que le monde fût long-temps bouleversé , pour que tous les désirs qu'on formait à l'armée fussent accomplis. Comme on avait souvent dit aux soldats qu'ils étaient les sauveurs de la France, tous les soldats finissaient par se persuader que la France n'avait pas assez de trésors pour payer leurs services. On leur parlait si souvent de leur gloire , on leur répétait de tant de manières que la nation n'était rien sans eux ; on leur adressait de si pompeux éloges, que leur orgueil n'avait plus de mesure, et qu'ils se croyaient en droit de mépriser tous ceux qui ne portaient point les armes. Les soldats ne semblaient plus destinés à protéger les citoyens ; les citoyens étaient à peine comptés pour quelque chose devant les soldats. Chez toutes les nations civilisées , c'est l'armée qui se dévoue au salut du peuple; dans la France gouvernée par Bonaparte , c'était le peuple qui devait se dévouer au salut de l'armée.

Dans les premières années de nos troubles politiques , les armées françaises qui avaient pour chefs des hommes comme Moreau et Pichegru, rachetèrent par leurs exploits les crimes de la révolution ; alors la bravoure des officiers et des soldats était modeste et désintéressée; la gloire suffisait à leurs travaux; ils ne se mêlaient point aux factions qui se disputaient l'empire , et se contentaient de défendre le territoire. Mais à mesure que l'esprit révolutionaire s'affaiblissait dans l'esprit du peuple , les chefs des factions dominantes qui ne pouvaient plus régner par la multitude, sentirent le besoin d'appeler les bayonnettes à leur secours. Les bayonnettes dans la journée du 13 vendémaire vinrent protéger contre la colère du peuple, la convention couverte du sang des Français. Au 18 fructidor, les canons et les bayonnettes firent encore triompher la cause du directoire, dès long-temps réprouvé par l'opinion de Paris et des provinces. On se rappele que le funeste génie de Bonaparte présidait à ces deux journées désastreuses ; c'est lui qui le premier fit intervenir les armées dans les querelles des partis, et dénatura ainsi l'esprit et le caractère des militaires français ; il corrompit les soldats pour arriver à l'empire ; lorsqu'il y fût parvenu, il acheva de les corrompre, en flatant sans cesse leur ambition, leur cupidité et leur orgueil. Ces légions à qui la terre et ses richesses étaient promises, perdirent peu à peu ce qu'elles avaient des mœurs françaises, dans leurs conquêtes lointaines, et s'accoutumèrent à ne voir la gloire de la patrie, que dans l'élévation de Bonaparte. Ces légions turbulentes que l'usurpateur avait intérêt à séparer de la nation, supportèrent avec impatience le règne de Louis XVIII, qui voulait remettre les choses dans leur état naturel, et voulait surtout que les intérêts du peuple ne fussent point sacrifiés aux intérêts de l'armée ; lorsque toute la France élevait la voix pour bénir le monarque qui lui rendait la paix, l'armée française, comme si elle eût été composée d'étrangers, garda un silence menaçant, et rappella par tous ses vœux, celui qui devait lui rendre les trop funestes prérogatives de la guerre et de la victoire.

Sous le règne de Louis XVIII, l'armée s'affligeait de ce qui pouvait consoler la nation ; au retour de Bonaparte, elle se réjouit de ce qui plongeait la France dans le deuil. Jamais l'armée ne partagea nos craintes et nos espérances. Tout ce qui obtenait le respect et l'amour des citoyens excitait la haine et le mépris des soldats. Ainsi l'opposition des intérêts, la différence des opinions et des sentimens séparaient chaque jour davantage la nation de l'armée, et comme Bonaparte rentrait en vainqueur chez un peuple qui l'avait repoussé , les soldats français qui escortaient son char de triomphe , furent portés à se croire dans un pays ennemi. Depuis cette époque, l'orgeuil et les prétentions des militaires n'avaient plus de bornes ; il fallait que toute la France les remerciât d'avoir rappelé l'usurpateur qui désolait la France ; il fallait que tout le peuple se levât pour défendre ce qu'ils appelaient leur gloire : partout où il y avait des soldats , les citoyens n'avaient plus la liberté d'exprimer leurs sentimens ; Bonaparte avait associé tous les militaires à sa tyrannie ; tous les lieux que parcourait l'aigle impérial semblaient appartenir à l'armée ; peu s'en fallait que la France ne fût traitée comme un pays vaincu par ceux mêmes qui se vantaient de défendre l'indépendance de son territoire.

Tel était le règne de la liberté, tel était le règne de Bonaparte. Au milieu du désordre général, tous les regards se portaient sur la ville que le fils de saint Louis et d'Henri IV avait choisi pour sa retraite. C'est là qu'on conservait les institutions de la patrie, et les lois protectrices de l'honneur et de la vie des citoyens ; c'est là qu'on préparait des traités, qu'on méditait des plans qui devaient ramener la paix, nous assurer une liberté raisonnable et tranquille, nous faire oublier un jour tous les malheurs de la révolution et de la guerre. Toutes les fois que Bonaparte rendait une loi de sang, le père de la France, dans son exil, s'occupait d'une loi bienfaisante et salutaire. Lorsque la tyrannie de Bonaparte plongeait une ville ou une province dans le deuil, Louis-le-Désiré s'occupait d'avance de réparer les maux d'un peuple qui n'avait point cessé d'être sa famille; il était dans sa retraite comme l'ange du naufrage, recueillant les tristes débris de la patrie, prodiguant des secours et des consolations à tous ceux qui avaient souffert, pleurant sur les infortunes qu'il ne pouvait consoler.

Plusieurs fois, du fond de l'exil, sa voix paternelle arriva jusqu'à nous pour nous avertir du terrible orage qui allait éclater contre la France, et pour nous montrer le trône des rois légitimes comme le plus sûr asile du peuple français; mais le mensonge et la révolte s'é-

levaient contre le père de la patrie , et faisaient rejeter ses conseils. La calomnie poursuivait les plus vertueux des Bourbons ; elle
accumulait les plaintes sur leur règne passé ;
on calomniait leur règne futur. Comme la justice avait toujours présidé à leur gouvernement,
on parlait des injustices qu'ils se proposaient
de commettre ; la charte constitutionnelle de
Louis XVIII avait été renversée par Bonaparte ;
on reprochait aux Bourbons d'avoir voulu la
détruire. On disait à la multitude, qu'au départ
du roi, la dîme, la corvée, tous les droits féodaux allaient être rétablis ; on disait au peuple
qu'il n'aurait bientôt plus d'asile que les forêts,
d'autre nourriture que l'herbe des champs. On
faisait courir de prétendues listes de proscription dressées par les royalistes ; on montrait les
hommes qu'on devait égorger, les chaumières
qu'on devait livrer aux flammes. Toutes ces im-
postures odieuses enflammaient l'esprit d'une
multitude facile à égarer : en lui faisant redou-
ter ainsi des complots chimériques, on détour-
nait ses pensées des maux plus réels de la guerre
étrangère.

Bonaparte qui armait toute l'Europe contre la France, cherchait toujours à nous faire croire qu'il apportait la paix. Dans le premier mois de son retour, ses partisans nous disaient que l'Europe était épuisée d'hommes et d'argent, que les rois ne seraient point d'accord, que le souverain de l'île d'Elbe s'était ménagé de puissans alliés; lorsque ces espérances venaient à être démenties, on répandait d'autres mensonges : on disait que les peuples de la Belgique et de l'Allemagne allaient secouer le joug de leurs souverains, que les armées étrangères méconnaissaient leurs chefs et désertaient leurs drapeaux, que l'Europe en armes avait été saisie d'effroi à l'aspect de nos frontières : tandis qu'on parlait ainsi, notre territoire allait être envahi par un million d'hommes armés. Les partisans de Bonaparte tenaient alors d'autres discours. Ils répétaient que les rois coalisés ne faisaient point la guerre à Bonaparte, mais à la nation française ; qu'ils n'avaient pris les armes que pour se partager nos provinces, pour rétablir la dîme, la corvée, la servitude, etc., etc.; à ces discours, la multitude

qui n'a rien à perdre , et qui par-là semble-
rait n'avoir rien à craindre , redoutait toutes sortes de malheurs. Cette multitude que la guerre
ne peut pas plus atteindre que les oiseaux du
ciel , accusait les propriétaires d'être les alliés
des étrangers , et d'avoir provoqué une guerre,
qui devait dévorer leurs moissons, envahir leurs
richesses : on échauffait ainsi la passions des dernières classes du peuple, pour effrayer et contenir
tous ceux qui n'aimaient point Bonaparte ; on se
servait des allarmes du peuple , pour entraîner
les gardes nationales sous les drapeaux de l'u-
surpateur ; toutes les craintes qu'on avait sug-
gérées à la foule ignorante , toutes les passions
qu'on lui avait données , lui tenaient lieu de
courage , et la faisaient voler aux armes. Chose
difficile à croire ! des hommes qui craignaient le
retour de la dîme et des droits féodaux , et qui
dans aucune espèce de gouvernement n'avaient
rien à payer , parce qu'ils ne possédaient rien,
ces hommes ne redoutaient point le retour de
la *milice*, de la *réquisition*, de la *conscription*,
abus de l'autorité beaucoup plus effrayant pour
eux que les droits féodaux et la dîme : dans leur

délire ils s'indignaient de la seule pensée que la féodalité pût renaître, et demander au propriétaire une partie de son bien, au peuple quelques journées de son travail; mais ils obéissaient, sans se plaindre, à Bonaparte qui demandait leurs enfans, qui demandait leur propre vie, le seul bien qu'ils eussent à conserver.

Pour augmenter le délire du peuple, pour entretenir l'aveugle confiance qu'on lui avait inspirée, on comparait le nombre des soldats français à celui des sables de la mer; on célébrait d'avance les victoires que Bonaparte allait remporter; on le montrait déjà courant sur les routes de Vienne et de Berlin, précédé de ses aigles invincibles. Chaque jour enfantait un bruit nouveau, une imposture nouvelle : c'était le règne des trompeuses illusions, des fausses allarmes, des espérances mensongères; mais la foudre allait éclater; au milieu des champs du carnage, la voix terrible de la vérité va se faire entendre : bientôt Bonaparte ne peut plus mentir, et son règne est passé.

Déjà la justice divine, par la chute précipitée de Murat, avait averti que la dernière heure des usurpateurs était arrivée. Tout-à-coup le bruit se répandit dans la capitale et dans les provinces que Bonaparte était revenu à Paris. Cette nouvelle fut pour nous comme la révélation d'un grand désastre ; toute la nation savait que Bonaparte ne revenait à Paris, que lorsqu'il était vaincu, et que le père des soldats avait coutume d'abandonner son armée au milieu des périls, et dans une retraite malheureuse. On se rappelait la fuite d'Egypte, la fuite de Moscou, la fuite de Leipsick ; partout on se disait : *pour la troisième fois, Bonaparte n'a pas su mourir ; il revient dans la capitale pour savoir si de nouvelles victimes ne veulent pas mourir à sa place ; il revient pour savoir si la nation n'a pas encore quelques sacrifices à faire pour racheter sa honte et sa vie.* En arrivant à Paris, Bonaparte ne donne pas un éloge aux soldats qui ont combattu pour lui ; il n'adresse pas un seul mot consolant aux familles qu'il a plongées dans le deuil ; il ne s'attendrit point sur les maux qui désolent la France, sur les malheurs qui la menacent encore. Après avoir déserté son armée, après avoir entraîné les soldats par son exemple, il ose donner l'ordre d'arrêter les déserteurs ; hier il remerciait les soldats français de lui avoir donné l'empire ; il leur reproche aujourd'hui de n'être pas morts pour soutenir leur ouvrage ! L'insensé ! il se plaint d'avoir été trahi, lui, qui naguères nous faisait un crime de notre fidélité, et qui n'est rentré en France que par la trahison ! Il comptait sur le zèle et le dévouement des Français, sur le serment qu'on lui avait fait d'être fidèle, lui qui n'avait autour de lui que des hommes coupables du plus grand des parjures ! Il osait se plaindre de la discipline de l'armée ; mais quelle discipline pouvait exister parmi des soldats qu'on avait égarés en son nom, qui avaient méconnu la voix de leurs chefs les plus illustres, qui avaient déserté la cause du meilleur des princes, pour courir au-devant d'un usurpateur ! Ainsi la perfidie et la licence ont fait tomber celui qui était arrivé par la licence et la perfidie ; ainsi celui qui avait provoqué la violation de tous les sermens, a recueilli le fruit amer du parjure.

C'est alors que la honte de ceux qui se vantaient de nous avoir fait connaître la gloire , que les alarmes de ceux qui nous avaient inspiré tant d'effroi , nous ont été données en spectacle ; nous avons vu pâlir le front de ces maréchaux infidèles , de ces modernes Séjean , qui avaient trahi Bonaparte pour Louis XVIII , et Louis XVIII pour Bonaparte ; qui avaient flatté tour-à-tour le peuple et l'empereur , servi la liberté et le despotisme. Nous avons vu cette foule de princes , enfantés par la révolution , abandonner les palais qu'ils avaient envahis , quitter la pourpre impériale comme les acteurs quittent leurs habits de théâtre , et chercher un coin de terre dans cette Europe qui longtemps ne fut point assez vaste pour leur ambition.

Il faudrait avoir la plume de l'historien qui a peint le sénat de Galba , de Vitellius et d'Othon , pour retracer les délibérations de la chambre des pairs et de la chambre des représentans (*) ; là c'est l'ambition trompée qui emprunte le langage du patriotisme , et pleure la

______

(*) Nous devons dire ici qu'il se trouvait dans cette assemblée quelques hommes de bien ; mais ils étaient sans influence et sans pouvoir pour arrêter le désordré.

perte d'une place ou d'une dignité , en parlant des malheurs de la patrie. Ici c'est la crainte qui se montre dans l'exagération des discours , et voudrait se cacher sous le vain appareil des menaces. Plus loin c'est l'orgueil qui s'irrite du pardon qui lui est offert , qui se fait une vertu de l'obstination dans la révolte , qui est prêt à ébranler l'univers , plutôt que d'avouer une erreur. Pour se faire une juste idée de cette troupe de législateurs, créés par le génie de la discorde, on n'a qu'à lire le second chant du Paradis perdu , où l'Homère Anglais , qui connaissait si bien l'esprit des factieux , a peint le terrible conseil de Satan. Dans le conseil décrit par Milton , chacun des anges rebelles représente une passion ou un vice , montre une difformité ou un ridicule , propose un grand crime ou médite une grande calamité. Dans le sénat de Bonaparte , il n'est point de forfait dont on n'ait la pensée , point de malheurs dont on ne menace la France ; il n'est point de parti révolutionnaire, point de passion honteuse , point d'opinion extravagante qui

n'ait son organe, son apologiste ou son représentant. En parcourant la liste des hommes qui
le composent, on croit assister tantôt aux scènes de la terreur, tantôt aux sanglantes journées du 10 août et du 2 septembre, tantôt aux
massacres de vendémiaire, tantôt aux proscriptions de fructidor.

Mais quel changement s'est tout-à-coup
opéré dans cette assemblée! Chacune de ses
lois semblait être comme la foudre qui devait
frapper tous les rois : elle était au-dessus de
toutes les craintes comme au-dessus de tous
les remords. Aujourd'hui elle tremble pour
elle-même : son premier sentiment est celui de ses propres périls; les pères conscrits
ne songent plus à mourir pour cette constitution qu'ils ont juré de défendre, mais ils
songent à vivre pour en faire une autre. A
l'exemple de leur maître, ils auraient voulu devoir leur salut à trente batailles, et se faire un
rempart d'ossemens humains : ils demandent
avec inquiétude combien il reste de soldats qui
doivent mourir pour eux.

La présence de Bonaparte qui les remplissait de joie, maintenant les importune. Napoléon avait créé l'assemblée des législateurs ; l'assemblée à son tour avait proclamé Napoléon : chacun tremble ou plutôt rougit de son propre ouvrage. La victoire était la première condition que les nouveaux législateurs avaient mise à la puissance de Bonaparte ; cet empereur qu'ils ont adoré, est pour eux comme ces idoles à qui les sauvages demandent toutes sortes de biens, qui obtiennent de l'encens tant qu'elles accordent ce qu'on leur demande, mais qui sont battues de verges et renversées dans la boue lorsqu'elles ne remplissent point les vœux de leurs stupides adorateurs. Le sénat est persuadé maintenant qu'il ne peut se sauver avec Bonaparte, et veut s'emparer de la puissance ; on ne célèbre plus à la tribune les victoires de Napoléon, on n'y parle plus que de ses fautes ; c'est lui qui a provoqué une guerre désastreuse ; il n'est plus le libérateur, mais le fléau de la patrie. De son côté, Bonaparte se repent d'avoir donné aux deux chambres, la faculté de juger sa conduite ; il commence à croire qu'il ne peut se sauver avec l'assemblée des législateurs, et veut la dissoudre. La lutte s'engage : Bonaparte jette un regard sur les fédérés des faubourgs, caresse la populace, et se promet la victoire ; la crainte, mobile tout puissant, redouble les forces des législateurs : la ruse et l'adresse sont aux prises avec le despotisme expirant. Les esclaves de Napoléon entourent le trône de leur maître, et le pressent d'en descendre. Bonaparte qui n'a plus d'armée, n'est plus qu'un vain fantôme à leurs yeux, et ne peut résister à leurs attaques ; après avoir été vaincu par ses ennemis, il est encore une fois vaincu par ses courtisans ; l'usurpateur qui avait promis de sauver la patrie, est forcé d'avouer qu'on fait la guerre pour lui seul, et déclare qu'il abandonne l'état et l'empire ; les législateurs reçoivent froidement son message, et ne prodiguent les acclamations que dans le procès-verbal ; tandis que deux ou trois fanatiques vantent l'abdication de l'empereur comme un acte d'héroïsme, et votent des remerciemens à celui qui vient de perdre une armée, les autres se demandent d'un air inquiet si Bonaparte est parti pour le lieu de son exil.

Les mains long-temps victorieuses de Napoléon n'ont pu retenir les rênes de l'état : il n'a pu sauver la patrie ; qui achevera ce grand œuvre? qui doit monter sur le trône pour repousser l'ennemi? Bonaparte propose son fils ; il propose un enfant aux suffrages de la nation, un enfant resté entre les mains des puissances qui nous font la guerre. Les législateurs qui s'étaient ralliés autour du char triomphant de Bonaparte, se rallient autour d'un berceau ; ils échangent un roi vaincu contre un roi prisonnier, et croyent avoir fait quelque chose pour leur salut et pour celui de la France.

Nous n'avons plus cet empereur qui a fait trembler l'Europe, à la tête des armées ; mais un empereur qui sort des bras de sa nourrice, qui bégaye avec peine le mot d'*empire*, et n'a jamais rangé en bataille que des soldats de fer-blanc et des héros de carton. N'importe, il va régner, et l'on peut encore faire entendre les cris de *vive l'empereur !* Déjà son règne est commencé ; on fait d'horribles lois qui vont être exécutées en son nom ; dans l'âge de la faiblesse et de l'innocence, il est déjà un tyran sanguinaire ; c'est en son nom qu'on s'efforce de comprimer par la violence les opinions et les bruits qui s'accréditent ; qu'on veut enchaîner la presse et même la renommée ; c'est en son nom que se renouvelle le code des suspects, qu'on poursuit, qu'on emprisonne les citoyens ; qu'on veut envoyer tous les Français à la mort ; les lois révolutionnaires, les proscriptions, les levées en masse, les constitutiont nouvelles seront les monumens de son règne, et les jouets de son enfance.

Cependant, les législateurs s'étonnent, qu'après l'abdication de l'usurpateur, l'ennemi n'ait point cessé la guerre, comme si ces législateurs n'étaient pas les représentans de Bonaparte ;

comme s'ils ne s'occupaient pas de continuer son ouvrage ; comme si l'esprit de Napoléon ne vivait point encore parmi eux. Mais Bonaparte n'est point parti; on redoute plus sa présence que l'approche des armées étrangères.

De tous temps les tyrans les plus cruels ont eu le funeste secret de plaire à la multitude , et de l'associer à leurs entreprises. Montesquieu remarque que le peuple de Rome, ce qu'on appelait *plebs* , ne haïssait pas les mauvais empereurs. Caligula , Néron , Commode , Caracalla , étaient regrettés du peuple à cause de leur folie même; car ils aimaient avec fureur ce que le peuple aimait ; la tyrannie est voisine de la licence ; l'idée du despotisme se confond dans l'esprit de la multitude , avec les lois barbares des révolutions.

L'affreux génie de la révolution qui avait élevé Bonaparte au pouvoir absolu, qui l'avait rappelé de son exil, se réveille tout-à-coup , et veut remonter sur le trône avec lui : Napoléon est encore l'idole de la multitude et l'empereur des faubourgs. Tous les satellites de la tyrannie , tous les agens de la terreur sont en mouvement; on menace , on outrage les paisibles citoyens ; l'effroi se répand dans les provinces ; toutes les villes sont dans l'agitation. Les partisans de Bonaparte poursuivent le fer à la main les prêtres et les nobles , qu'ils accusent d'être les ennemis du peuple ; ils menacent d'immoler tous les propriétaires, tous les royalistes, à la cause de l'usurpation , qu'ils appellent la cause de la patrie. La populace de la capitale, transformée en armée révolutionnaire, se répand autour des palais , fait retentir les places publiques de ses clameurs homicides , prépare les torches de l'incendie, en criant *vive l'empereur!* et menace de brûler Paris pour sauver l'empire.

Au milieu du désordre universel , les législateurs tremblans ne savent plus s'ils doivent confier leur salut à la monarchie ou à la république , s'ils doivent invoquer le génie de la révolution ou le génie du despotisme; dans leur délire , ils les confondent ensemble , et les invoquent tous les deux à la fois : ils proclament tour à tour la sédition , la liberté , la tyrannie et la licence. Quelques hommes sages osent faire entendre leur voix ; mais les esprits sont tellement troublés , qu'on traite de folie le langage de la raison, et qu'on accuse de trahir la patrie, ceux même qui bravent tout pour la sauver. Des législateurs sans mission , des députés dont l'élection ne pouvait être reconnue que sous le règne de l'usurpateur , pèsent dans leurs balances les droits et les titres des rois. Ils cherchent partout un prince qui puisse sauver l'empire , mais ils ne songent point à celui que la nation appelle par ses vœux. Ils sont prêts à demander un souverain aux nations étrangères ; ils le prendront volontiers chez les peuples barbares ; tous les monarques sont bons pour eux, pourvu qu'ils ne soient pas légitimes , car la justice les irrite ; tout ce qui est cher aux Français leur est odieux : la légitimité leur fait horreur.

De toutes parts l'ennemi s'avance ; plusieurs

provinces sont envahies ; de quoi s'occupent les législateurs ? Ils font une constitution ! Les bannières des armées anglaises et prussiennes paraissent à la vue de la capitale , toutes les rives de la Seine sont au pouvoir de l'ennemi ; que font les législateurs ? ils corrigent la constitution ; le bruit du canon retentit de toutes parts, les barrières de Paris sont devenues le théâtre de la guerre , les villages voisins sont en flammes , on entend de la tribune les cris des blessés et des mourans ; que font encore les législateurs ? Ils achèvent en paix une constitution. Une constitution leur paraît le seul remède à tous les maux de la patrie; ils sont prêts d'aller au-devant des armées coalisées, portant à la main une constitution comme dans les siècles religieux, on portait au-devant du vainqueur des croix et les reliques des saints ; ils ouvrent les archives poudreuses de nos constitutions passées, ils vont chercher leurs modèles dans l'antiquité , ils consultent la législation de tous les peuples modernes ; mais personne ne propose de faire revivre cette charte qui est un bienfait du roi , et qui peut mettre fin à tous nos maux ; cette constitution qu'ils avaient juré de défendre , qu'ils invoquaient naguères contre les amis du roi et contre le roi lui-même. Ils n'osent relever ce que Bonaparte a renversé ; tout ce que Bonaparte a proscrit ne saurait trouver grâce devant eux. Il faut que la patrie périsse, si les lois qu'ils ont faites sous l'usurpateur , si les lois qu'ils font encore , ne peuvent la sauver.

A mesure qu'on approche du jour de la délivrance, le tumulte s'accroît , la France est plus agitée ; on entend parmi les conjurés ces grincemens de dents dont parle l'écriture. Ils se répentent de n'avoir pas pillé les villes, brûlé les châteaux, de n'avoir pas dépouillé les riches, égorgé les royalistes, de n'avoir pas achevé tous les crimes commencés. Tout-à-coup dans cette capitale remplie de législateurs, on ne reconnaît plus de lois ; tout le monde veut gouverner ; il n'y a plus de gouvernement. On ne voit partout que des hommes qui se regardent comme des étrangers ou des ennemis. Dans le délire universel, la raison passe pour un crime d'état, la prévoyance pour une trahison ; le nom de patriotisme est donné à la fureur, à la rage. On n'entend que des cris et des menaces ; on traîne des canons dans les rues ; on ne voit que des sabres et des épées nus ; des orateurs séditieux parcourent les rangs de l'armée, et promettent aux soldats les dépouilles des citoyens. L'humanité n'a plus un seul appui, la capitale un seul asyle. On égorge ceux qui prononcent le nom de la paix : les marchands tremblent dans leurs comptoirs menacés du pillage. Les mères expirent de douleur et d'effroi ; deux cent mille citoyens attendent leur dernière heure, et s'écrient dans leur désespoir : *montagnes tombez sur nous !* La capitale de la France, les monumens des arts, les dépôts des lumières, tout est prêt à périr sous les coups de ceux qu'on appelle nos ennemis, et par le glaive de ceux qui se nomment nos défenseurs.

A la vue de cet horrible tableau, les partisans

de Bonaparte oseront-ils encore nous vanter leur idole! Voilà les derniers bienfaits du règne de l'usurpateur, qu'on proclamait naguères le libérateur de la France. Voilà la paix, la liberté, le bonheur qu'on nous avait promis en son nom ; voilà les fruits de la trahison et du parjure qui ont éloigné Louis XVIII, pour livrer la nation au glaive d'un conquérant, pour livrer le royaume aux poignards des séditieux, aux torches des furies, à toutes les calamités de la guerre.

Tandis qu'un crêpe noir, tandis que l'étendard de la mort couvrait toute la France, les chefs des factieux ne s'occupaient à la tribune que de comprimer l'impatience qu'avaient les Français de voir un roi qui venait réparer leurs malheurs ; ils calomniaient (*), à la face de l'Europe, la fidélité de la nation, et cherchaient à placer mille barrières entre le peuple et le monarque. Après avoir fait des lois tyranniques pour conserver leur pouvoir, ils imposaient des

---

(*) On parle surtout ici des hommes comme Thibaudeau.

institutions libérales à la monarchie. Sous leur
règne, ils ne souffraient point d'opposition à
leur volonté ; mais comme leur règne allait
finir, ils préparaient les élémens d'une opposition future. Ils s'occupaient gravement de placer
une cocarde tricolore sur le diadème de saint
Louis, et s'efforçaient d'enchaîner pour l'avenir
l'autorité paternelle du roi ; ils s'adressaient
aux soldats, ils s'adressaient aux fédérés dont
ils encourageaient la rébellion ; chacun de leurs
discours était un appel à la sédition , à la révolte. Comme ils ne pouvaient plus faire de
lois , ils proscrivaient d'avance toutes les lois ;
puisqu'ils étaient forcés de descendre de la tribune, il fallait que tout un peuple fût entraîné
dans leur chute; dans leur pensée , la guerre
n'avait point assez de calamités pour punir les
Français qui désiraient une autre autorité que
la leur ; une révolution nouvelle devait naître
de leurs derniers décrets, pour venger leur puissance méconnue , et désoler , déchirer en lam-
beaux , anéantir cette France où ils allaient ces-
ser de régner.

Cependant la populace à l'exemple de Bonaparte, abdique, en frémissant, sa souveraineté révolutionnaire. Les législateurs, plus ambitieux que Napoléon, veulent garder l'empire ; mais bientôt leurs discussions deviennent l'objet de la risée publique : le ridicule suffit pour faire tomber cette puissance qui répandait l'effroi. Le calme commence à renaître, ce qui annonce que le roi de France est déjà rentré dans son royaume ; le crédit public, qui n'est autre chose que l'espérance d'un meilleur avenir, renaît au milieu des ruines, et semble nous dire que la probité va remonter sur le trône. L'aigle impérial s'enfuit de clocher en clocher comme il était venu ; on ne crie plus : *vive la liberté !* on ne meurt plus pour la liberté ; mais chacun sent déjà qu'il est plus libre. Bonaparte, accompagné de quelques-uns de ses complices, s'éloigne tristement ; les malédictions de tout un peuple l'accompagnent ; dans le même temps, Louis-le-Désiré s'avance vers la capitale ; il revient aussi du champ de bataille, mais il ne l'a quitté qu'après avoir soigné les blessés ; des cris de mort ne signalent point son approche , comme ils signalèrent l'arrivée de Bonaparte. Lorsque Napoléon revint de l'île d'Elbe, ses partisans exprimèrent une joie féroce , et coururent embrasser l'autel des furies : les amis du roi courent dans les temples et remercient le dieu des miséricordes d'avoir sauvé la France.

Pour expliquer tant de révolutions , tant de situations diverses , on serait quelquefois tenté d'adopter la doctrine des Manichéens. Cette secte religieuse, comme on sait, reconnaît deux principes qui se partagent l'empire du Monde et président tour-à-tour à nos destinées. La lutte du génie du mal et du génie du bien a produit la révolution française : les crimes de la terreur , les fureurs de la guerre civile , les malheurs de la guerre étrangère , les succès de Robespierre , ceux de Bonaparte , voilà le triomphe du mauvais génie. Plusieurs fois le génie du bien avait été sur le point de ressaisir l'empire ; mais son terrible adversaire reparaissait toujours, soufflait partout la désobéissance et la revolte, s'associait au règne des méchans, et reprenait sa funeste puissance. Lorsque Louis XVIII arriva pour la première fois , le génie du bien revint avec lui, fit refleurir la paix , inspira aux hommes des sentimens d'humanité; mais cet âge d'or ne dura pas longtemps : le génie du mal ne put supporter la vue d'un monarque vertueux et d'un royaume paisible et florissant; il rappela Bonaparte , il aveugla la multitude; il égara l'armée , et tout fut confondu , tout fut bouleversé ; la France elle-même creusa l'abyme dans lequel elle allait tomber , et le génie du mal, assis sur le trône de l'usurpateur, promit de livrer la patrie déchirée et sanglante à la vengeance des étrangers.

Aujourd'hui nous souffrons tous les désastres de la guerre; mais nos souffrances sont adoucies par l'espérance d'un règne tranquille et d'un gouvernement réparateur. Si nous voyons encore de toutes parts l'influence du mauvais génie, nous voyons aussi le génie du bien reprendre peu à peu son empire ; que dis-je ? ils règnent tous les deux à la fois, et se disputent la France, l'un pour la consoler, l'autre pour achever sa ruine. Le bon génie nous ramène la famille des Bourbons; le mauvais génie sème des obstacles sur leurs pas ; l'un parcourt les villes et les campagnes, une branche d'olivier à la main; l'autre appelle à grands cris la discorde, et fait briller le glaive de la guerre civile; lorsque Louis-le-Désiré est aux portes de Paris, le génie du mal qui règne encore dans la capitale fait entendre le bruit des chaînes, ferme les barrières, et retient tout un peuple prisonnier. Enfin le mauvais génie quitte la tribune, abandonne le pouvoir ; il s'éloigne en grondant, et va chercher quelque mal à faire dans les provinces. Le génie du bien a présidé seul à la rentrée d'un bon roi dans sa capitale, et lui seul peut décrire les sentimens qu'il a mis dans tous les cœurs.

Nous avons vu cette journée, qu'on doit appeler la fête du retour. Au milieu des malheurs de la guerre, tous les Français trouvaient encore des

larmes de joie ; le souvenir récent de la tyrannie et de l'usurpation , ajoutait à leur amour
pour un roi légitime ; plus ils avaient souffert,
plus ils étaient disposés à aimer ; plus les sentimens avaient été contraints , plus ils ont éclaté;
l'enthousiasme de la capitale s'est communiqué
aux provinces , et la France qui jusqu'alors n'a-
vait entendu que des cris de mort , que le bruit
des combats , que les gémissemens de la douleur , a pu répéter enfin les hymnes de la paix ,
les cantiques de la délivrance.

On avait dit quelques jours auparavant à la
tribune, que les vœux des Français repoussaient
la famille des Bourbons ; c'est dans cette journée , c'est à la fête du retour, qu'on a pu se convaincre que les législateurs n'étaient point les
représentans de la France , puisqu'ils avaient si
peu connu les sentimens de la nation.

Il y a un an que nous célébrions l'arrivée des
Bourbons comme un miracle de la providence ;
leur retour , après une absence de trois mois,
nous paraît un miracle plus étonnant que le pre-

mier, et sur-tout un plus grand bienfait du ciel.

L'invasion du territoire, sans doute, est un horrible désastre ; mais la honte doit en retomber toute entière sur les hommes qui ont rappelé parmi nous le plus cruel ennemi de la France. Quel est celui qui a été chercher les étrangers jusque dans les déserts de la Russie ? Quel est celui qui, dans sa fuite, leur a montré deux fois le chemin de la capitale ? Lorsque Bonaparte rentra sur le territoire français d'où il avait été banni, Louis XVIII n'annonça-t-il pas à son peuple tous les malheurs de la guerre ; c'est la perspective douloureuse de tant de calamités, qui, à son départ, déchirait son cœur paternel ; c'est le spectacle des maux qu'il avait prévus, qui, à son retour, ferme son cœur à la joie.

Bonaparte avait amené pour la seconde fois les ennemis sur notre territoire ; pour la seconde fois, Louis XVIII revient pour les renvoyer. En nous promettant la paix et la liberté, le roi de France ne jure point par les bayonnettes ; mais il prend le ciel à témoin de la fidélité de ses sermens. Il n'est point ramené par l'ambition de régner, mais par le besoin de défendre nos droits et les siens. Il revient au milieu d'un peuple où il n'entendra que les gémissemens de la misère ; chez un peuple que la guerre et la révolution ont tour-à-tour désolé ; il verra les fureurs mal éteintes des partis et des factions qui viendront s'accuser devant lui ; il verra partout les traces sanglantes du règne de la terreur et du règne de Bonaparte. Son âme royale souffrira toutes les douleurs qu'il vient consoler. Sans doute que la paix de l'exil, que l'étude des arts qu'il aime, obtiendront quelquefois ses regrets au milieu des pénibles veilles du trône. Il nous a dit lui-même que la couronne de Louis XIV n'était plus qu'une couronne d'épines. Il ne revient donc que pour se dévouer à la royauté, et pour prendre place parmi les plus malheureux des rois : qui de nous ne sera plein de reconnaissance pour un si grand sacrifice, pour un si saint dévouement. Vous qui regrettez Bonaparte, supposez un moment qu'il soit encore sur son trône usurpé ! Toutes nos cités seraient en flammes, toutes nos provinces ravagées de fond en comble ; la plus grande partie de la population aurait péri ; la capitale n'offrirait plus qu'un amas de ruines. Vous qui nous avez rendu la tyrannie de Napoléon, vous qu'afflige le retour d'un bon roi, supposez un moment que Louis XVIII fatigué de vos plaintes, effrayé de la tâche qu'il doit remplir, retourne dans sa retraite, et nous abandonne à la merci des étrangers victorieux ; que deviendra alors la patrie ? quel sera notre médiateur entre nous et l'Europe où nous n'avons plus d'amis, où Bonaparte nous a fait perdre tous nos alliés ? Que cette pensée étouffe donc vos murmures ; entourez de vos bénédictions le seul appui qui reste à la nation française, et convenez enfin que LA FRANCE A PLUS BESOIN DE LOUIS XVIII QUE LOUIS XVIII N'A BESOIN DE LA FRANCE.

Les rois coalisés n'ont point fait la guerre, comme on l'a dit, à la prière de Louis

XVIII, mais ils l'ont faite pour leur propre sécurité ; ils n'avaient point l'intention d'asservir la France, mais de sauver l'indépendance de l'Europe menacée par Bonaparte ; aussi avons-nous vu s'armer dans cette guerre, non-seulement les gouvernemens absolus, mais les peuples libres. Nos frontières ont vu flotter les drapeaux des républiques comme ceux des monarchies.

Une de nos plus grandes erreurs depuis vingt-cinq ans, c'est d'avoir mis toutes nos espérances dans la victoire, de n'avoir jamais confié le salut de la patrie qu'au sort incertain des armes. Jamais une nation n'est plus exposée aux revers, que lorsqu'elle se fie le plus à sa fortune. On nous dit souvent qu'un peuple subjugué a perdu sa liberté : c'est un problème à résoudre ; mais en consultant l'histoire des peuples et surtout la nôtre, on trouvera que conquérir et être conquis sont presque la même chose. Egarés par les maximes de Bonaparte, nous avons oublié que les bonnes institutions, que le

respect des traités, étaient, pour l'indépendance des états, une garantie plus sûre que
la victoire elle-même. L'amour de la paix, la
sagesse, la modération peuvent, aussi bien que
la bravoure, veiller à la garde des frontières.

Louis XVIII est surtout appelé à nous faire
sentir cette vérité. Déjà sa présence rassure tous
ceux qu'effrayait Bonaparte. La France retrouve sous son règne cette force morale que les autres gouvernemens lui avaient fait perdre; l'estime
qu'il inspire à l'Europe peut seule appaiser la colère du vainqueur. Il n'a point d'armée, mais sa
royale parole sauvera tout ce que n'ont pu sauver
des armées nombreuses. Si quelques unes des
puissances alliées voulaient abuser de la victoire, il leur opposerait l'invincible ascendant
de la raison et de la vertu. Il leur montrerait la
France naguères victorieuse, aujourd'hui couverte de deuil, déplorant les suites funestes de
l'ambition, pleurant sur l'abus des conquêtes, et
frémissant de crainte à la vue de ses propres
soldats. Il leur montrerait ce beau royaume

prêt à périr pour s'être attaché au char d'un conquérant, ce royaume long-temps respecté de
l'Europe, et n'ayant plus aujourd'hui d'autre
défense que ses malheurs même, effrayante le-
çon pour les princes qui voudraient étendre leur
domination par la force des armes.

C'est à Louis XVIII qu'il appartient de faire
entendre les conseils de la justice, le langage de
la vérité, puisque lui seul resta toujours sans
reproche ; lui seul peut arrêter la guerre étrangère, lui seul aussi peut fermer les sanglantes
blessures de la patrie. Il revient fort de son expérience et de l'expérience de son peuple. Du fond
de sa retraite, il a vu les moyens qu'on em-
ploye pour renverser un état ; il a dû connaître
aussi les remèdes nécessaires à nos maux,
les moyens qu'il faut employer pour sauver
la royauté et la monarchie. La nation sait
aujourd'hui que rien n'est durable que ce qui
est légitime ; elle sait enfin que tous ceux qui
voulu passer les limites de la liberté, as-
ient à la tyrannie ; que ceux qui ont eu

la prétention de reformer nos lois, ne songeaient qu'à les détruire ; que tous ceux qui s'efforçaient de trouver des torts au gouvernement des Bourbons, avaient l'intention de les renverser, et de se mettre à leur place.

Le roi a refusé les constitutions qu'on lui proposait, pour nous conserver celle qu'il nous a donnée, et que nous avons juré de défendre ; il nous offre par là une garantie nouvelle de la fidélité de ses promesses ; il est intéressé à maintenir son ouvrage, et la qualité de législateur nous répond de la politique et des intentions du monarque. Tout le monde sait que Solon consentit à mourir pour faire vivre ses lois, tant il est glorieux d'être le législateur d'une nation ; mais cette gloire, la première de toutes, ne saurait être appréciée par la multitude. La gloire de Solon ne touche point cette foule de (*) dépu

____

(*) La seule assemblée qui se soit montrée irréprochable, c'est celle de 1814. Les bons Français désirent que la Chambre qu'on va convoquer en 1815 soit animée d'un aussi bon esprit, et qu'on y retrouve des hommes comme MM. Lainé, Olivier, Bouchard, Chappuys, Polissard, Blancard-Bailleul, Cordonel, Mainebyrœn, Raynouard, etc., etc., etc.

tés qu'on connaît à peine , qui se plaisent à dé-
faire ce qu'ils ont fait , parmi lesquels personne
ne répond de ses œuvres.

Louis XVIII sait qu'en revenant pour un parti,
il ne rentrerait que dans la moitié de son royaume:
il ne revient ni pour ceux que la malignité appelait *les voltigeurs de Louis XIV* , ni pour ceux
qui ont vieilli dans la démagogie et qu'on pourrait appeler *les voltigeurs de Robespierre*. Grace
à la présence du roi, la paix va être rétablie ; les
lois vont reprendre leur empire : nous retrou-
verons notre place parmi les nations civilisées.
Le dieu Terme des Français ne reculera point;
l'intégrité de notre territoire est maintenue par
les actes du congrès, et sur-tout par la crainte
des longues discordes qu'entraînerait en Europe le partage d'une seule de nos provinces. Les véritables amis de la patrie veulent
que désormais nos frontières soient défendues
par la sagesse et par la justice, et que, dans
l'avenir, un aventurier ambitieux , un parti de
rebelles ne puisse plus se placer entre la France
et l'Europe. Pour prévenir de nouvelles révolu-

tions, de nouvelles guerres, tous les bons citoyens veulent des institutions adaptées aux progrès des lumières, mais ils ne veulent point oublier la gloire de leurs aïeux : ils veulent une constitution qui leur assure leur liberté, mais qui ne soit point livrée à l'interprétation des républicains, car la république n'est point dans leurs mœurs. Ils veulent que la vertu soit rétablie dans ses droits, que la fidélité soit remise en honneur ; que les ministres, les magistrats ne puissent trahir leurs sermens, et que la France ne soit plus opprimée par une armée qu'elle paye et qui doit la défendre. La nation française, persuadée que le monarque sera toujours juste, desire que ses intentions de faire le bien ne restent pas stériles, et que la bonté sur le trône ne soit pas impuissante : enfin les bons Français desirent que le roi ne soit pas revenu sans la royauté, et le monarque sans la monarchie.

Toute la France se demande comment le roi va punir les factieux qui ont rappelé Bonaparte, qui ont renversé nos lois, désolé la patrie ? Tous les coupables se sont fait connaître , tous les factieux qui avaient préparé nos discordes , tous ceux qui avaient joué un rôle sanglant dans la révolution, ont reparu autour du trône de Bonaparte , comme les principaux personnages d'un mélodrame reparaissent sur la scène au dénouement de la tragédie. S'ils ont proscrit dans leurs assemblées les amis du roi et le roi lui même , qu'ils se rassurent : on ne les jugera point d'après les lois qu'ils ont faites ; mais la France en pleurs demande que le génie de la révolte soit à jamais réprimé ; les ruines qui nous entourent , semblent prendre une voix pour accuser les complices de Bonaparte , et pour solliciter un grand exemple. Les Français ont plus besoin que jamais d'un monarque , qui soit indulgent pour l'erreur , inflexible pour le crime , et qui sache pardonner et punir comme Henri IV.

Déjà tous ceux qui n'étaient qu'égarés , s'empressent de reconnaître leurs torts, et se réunissent, avec franchise , sous la bannière des lys ; la France applaudit à leurs nouveaux sentimens , et c'est pour eux qu'on a fait cette maxime :

Souvent le repentir fait mieux que la vertu ;
mais aussi il est des hommes que la plus cruelle expérience ne saurait guérir de leur ambition , qui , tourmentés de la soif de régner , possédés du démon de l'orgueil , ne peuvent être touchés des larmes de tout un peuple , qui disent dans leur cœur : *périsse la patrie , si nous devons rester sans crédit et sans pouvoir.* A les en croire, ils rougissent d'être Français, ces hommes qui ont préparé la honte de nos revers ! la France n'est plus, pour eux, qu'un pays ennemi, si leur parti n'y domine , si leurs opinions insensées n'y sont plus des lois. Il est facile de les reconnaître à la joie qu'ils ne peuvent cacher au récit de nos désastres. On les voit sourire , lorsqu'on leur apprend que dans une province les citoyens sont armés contre les citoyens, qu'une ville est prête à être saccagée et réduite en cendres ; ils sont prêts de battre des mains lorsqu'on vient leur dire que les

étrangers se disposent à faire sauter un pont, à détruire nos monumens , à mettre une contribution de guerre sur la capitale. Tels sont les hommes qui voulaient sauver la France , à qui les Français avaient si imprudemment confié leurs destinées !

N'est - il pas juste que la guerre choisisse aujourd'hui pour ses victimes ceux qui ont préparé la guerre , et qui se réjouissent des malheurs publics comme de leur propre ouvrage ? N'est-il pas juste que les contributions du vainqueur soient levées sur ceux qui ont provoqué nos défaites, qui ont fait brûler nos villes , qui ont fait désoler nos campagnes? Quelle punition sera réservée à ces satrapes de la tyrannie , qui dans plusieurs départemens , ont opprimé les citoyens , invoqué la guerre civile et prolongé le règne sanglant de Bonaparte ? Du fond du navire où l'usurpateur s'est caché, il jette un dernier regard sur les provinces ravagées par les plus barbares de ses lieutenans , et se félicite en fuyant, d'avoir laissé parmi les Français des hommes qui lui ressemblent. Tous ces hommes que la France accuse, nous parlent de la gloire; qu'est-ce donc que la gloire? Sans doute qu'elle est la récompense des guerriers qui défendent leur pays; mais quel doit être le partage de ceux qui portent la désolation parmi leurs concitoyens! quelle gloire doivent attendre ceux qui veulent entraîner toute une nation dans leur chute? Quelles lois pourront invoquer ceux qui ont méconnu toutes les lois de l'humanité? L'Écriture dit, en plusieurs endroits, que le sang retombera sur celui qui l'a fait verser; que celui qui a tiré le glaive, périra par le glaive; mais la justice des nations ne dit-elle pas aussi qu'on partagera les dépouilles de ceux qui n'ont vécu que de dépouilles, et qu'on demandera un jour la ruine de ceux qui ont causé la ruine de leur patrie?

L'expérience nous a trop appris que lorsque les princes pardonnent aux méchans, ils exposent les gens de bien : l'impunité des grandes trahisons enhardit les traîtres, multiplie les complots, et prépare les révolutions des états. Le roi de France peut pousser la magnanimité jusqu'à pardonner le mal qu'on lui a fait, mais il ne peut pardonner le mal qu'on a fait à la nation, qui demande justice, et qui veut que ses ennemis soient privés des moyens de lui nuire. Non seulement Louis XVIII, mais tous les rois; non seulement la France, mais l'Europe entière sentent la nécessité de réduire à l'impuissance, d'interdire, de désarmer les adhérens et les complices les plus forcenés de celui qui a désolé le monde, et que l'assemblée des peuples et des monarques a déclaré l'ennemi du genre humain.

Quelques Observations en réponse aux Journaux Anglais.

Les journaux anglais ont reproché à la nation française de n'avoir rien de constant et de fixe dans ses opinions , et de crier tour à tour : *vive le roi ! vive la ligue !* Quelques journalistes de Londres font à ce sujet de longues déclamations qui , au premier abord, peuvent paraître fondées , mais qui ne sauraient convaincre l'observateur attentif. Il n'est pas inutile de soumettre cette espèce d'accusation au plus sérieux examen.

Nous ferons d'abord observer qu'il est des torts , des attentats politiques, des révolutions qui ne sont point l'ouvrage d'une nation, mais qui appartiennent entièrement aux circonstances où cette nation se trouve placée.

Qu'on suppose un peuple où tous les liens de l'autorité ont été brisés, il est certain que chez ce peuple, quel qu'il soit, tous les intérêts seront opposés, toutes les passions en mouvement ; chacun voudra se mettre à la place de la nation, et mille partis différens feront tour à tour parler la nation. Supposez encore que chez ce même peuple tous les liens de la morale aient été brisés comme ceux de la politique , alors les hommes les plus pervers commenceront à être comptés pour quelque chose ; et comme les plus pervers sont trop souvent les plus habiles , ils se mettront bientôt à la place du peuple. Dans cet état de choses , comment retrouver l'opinion et la volonté d'une nation ? Chercher les principes d'un ordre constant dans une pareille révolution , n'est-ce pas chercher les lois de la nature dans un bouleversement de la nature ? Reprocher à une nation chez qui tout est bouleversé, de n'avoir point de constance, de changer sans cesse d'opinion et de volonté, n'est-ce pas reprocher au cahos de n'être pas d'accord avec lui-même ?

Pour juger les Français, il faut connaître la position où ils ont été dans le cours de la révolution. Depuis 1789, nous avons vu en France vingt ou trente factions qui ont tour à tour triomphé , et chacune d'elles disait : *Je suis la Nation.* Dans l'absence des lois, chacun des factieux mettait son opinion ou son système à la place des lois, et tout était confondu. Au milieu du bouleversement général, le cœur humain, aux prises avec les événemens de la révolution, avait laissé échapper ses horribles secrets, et, comme un sépulcre ouvert par la foudre, laissait voir toute sa corruption. Alors les passions et les vices ont gouverné la France; chaque passion, chaque vice du cœur humain avait un parti (1) qui se montrait ouvertement, et disait aussi : *Je suis la Nation.* Dans le désordre universel, les étrangers ont dû méconnaître les véritables sentimens de la nation, que tout le monde faisait parler, mais qui gardait un profond silence. La nation n'était point alors dans telle ou telle faction, dans tel ou tel parti qui agissait en son nom ; mais elle était opprimée par toutes les factions et tous les partis.

Bossuet, en parlant du paganisme, dit, que *tout était Dieu excepté Dieu lui-même.* Dans une révolution qui avait tout changé, tout dénaturé, tout déplacé, on pouvait en dire autant de la nation. Tout était la nation, excepté la nation elle-même. Lorsque Bonaparte parvint à l'empire, on dit que la révolution *s'était fait homme,* ce qui prouve assez que la nation n'y était pour rien. Il est certain que *cet homme* n'inspirait point à la nation une affection véritable, mais il avait enchaîné à son char plusieurs des partis qui s'étaient mis tour à tour à la place du peuple, et qui criaient : *vive l'empereur,* comme ils avaient crié quelques jours auparavant : *vive la nation.* Tous ceux qui s'étaient élevés, tous ceux qui s'étaient enrichis par la révolution, pouvaient se considérer comme autant d'usurpateurs ; et l'usurpation de Bonaparte favorisait, protégeait tous les genres d'usurpations. Bonaparte était en quelque sorte à leurs yeux, non pas le représentant de la nation, mais le représentant de toutes les passions, de tous les vices, de tous les intérêts qu'avait fait naître la révolution : non seulement la nation n'aimait point Bonaparte, mais personne en France n'était sincèrement attaché à l'usurpateur ; ses partisans croyaient voir en lui, les uns l'impunité de leurs crimes, les autres un moyen de satisfaire leur ambition, leur vanité ou leur avarice. On n'aimait point Bonaparte; on n'aimait que ce qu'il promettait, que ce qu'il donnait. Le cri trop fameux de *vive l'empereur* avait pour ceux qui

______

(1) L'ambition se cachait alors sous le voile du patriotisme ; l'ambition était descendue jusqu'aux dernières classes du peuple. On a cité quelquefois ce mot plaisant d'un cordonnier qui disait : *Belle f.... liberté, qui m'a trouvé savetier et qui me laisse savetier.*

le proféraient un sens qui se rapportait toujours à quelqu'intérêt personnel, à quelque sentiment honteux qu'on n'osait point avouer. En criant *vive l'empereur*, un employé, un fonctionnaire, un magistrat disait au fond du cœur, *vive l'argent que je reçois !* le chambellan disait : *vive les cordons, vive les dignités !* le soldat disait: *vive la guerre et les avantages qu'elle donne !* la canaille disait : *vive le pillage et le partage des terres !* le jacobin : *vive la révolution.*

Lorsque Bonaparte revint de l'île d'Elbe, les passions qui le rappelaient ne craignirent point de se montrer au grand jour ; les partisans de l'usurpateur ne l'aimaient pas plus qu'auparavant, mais ils avaient plus d'aversion pour les lois de la justice, plus de haine pour la religion ; ils avaient plus d'inclination à s'emparer du bien d'autrui, plus de penchant à recommencer la révolution : aussi les cris de *vive l'empereur* n'avaient point l'accent de l'amour, mais l'accent de la fureur et de la rage ; ils étaient toujours accompagnés de vociférations qui n'exprimaient point l'affection qu'on avait pour Bonaparte, mais la haine qu'on avait pour les institutions protectrices de l'honneur et de la vie des citoyens. En criant *vive l'empereur*, les partisans de Bonaparte ne manquaient pas de crier aussi : *à bas les prêtres, à bas les nobles, à bas les riches, à bas les rois !* Tandis que la plus vile populace faisait entendre ces vociférations, les hommes qui passaient pour être les favoris de Bonaparte disaient assez haut : *Nous le tuerons s'il ne fait point ce que nous voulons.* Dans les deux chambres que l'usurpateur avait convoquées, on le louait avec exagération, mais on ne l'en aimait pas davantage. Peu s'en est fallu que le Sénat de Napoléon ne fît comme le sénat de Rome, qui annonça que Romulus était monté au ciel, tandis que chaque sénateur emportait un membre du nouveau dieu sous son manteau.

Ce qui achève de prouver que Bonaparte n'était aimé de personne, c'est qu'il est tombé sans résistance, et qu'il a quitté la France en se plaignant de tout le monde. Ce qui prouve que le cri de *vive l'empereur* n'exprimait point un sentiment d'affection, c'est que ce cri odieux était encore proféré lorsqu'il n'y avait plus d'empereur. Ce mot n'eût plus été alors qu'un mot vide de sens, s'il n'eût pas rappelé l'idée des passions, des vices et des intérêts qui avaient créé et maintenu la puissance de Bonaparte. Aujourd'hui Bonaparte n'est plus parmi nous, et ne peut plus y revenir ; mais les passions, les vices et les intérêts qui se sont associés à son usurpation, n'ont point suivi l'usurpateur dans son exil ; tous ces vices, toutes ces passions se montrent encore, et sont toujours là pour égarer la multitude. Que faut-il faire pour les étouffer, pour anéantir leur influence ? On peut bien essayer d'adoucir, d'apprivoiser les tigres et les lions rugissans. mais le parti le plus sage est de les enchaîner. Le temps est venu d'anéantir tous les germes de discorde et de sédition, d'opposer à la voix turbulente des partis, aux cris des passions révolutionnaires, la voix imposante de la nation, qui n'a jamais été entraînée par les passions honteuses de la révolution, et qui a toujours rejeté tous les partis. Mais, au milieu du désordre, où trouver la nation ?

Les partis qui ont fait la révolution, ceux qui ont appelé Bonaparte à l'empire, ne forment pas plus la nation française que les prolétaires et les esclaves ne formaient le peuple romain. Une de nos plus grandes erreurs depuis 25 ans, c'est d'avoir compté pour quelque chose l'opinion de ceux qui dans toute société politique ne peuvent et ne doivent point avoir d'opinion. Voulez-vous connaître la volonté de la nation, consultez ceux qui possèdent quelque chose, et qui par là sont intéressés à ne pas se tromper sur le gouvernement qui convient à leur pays. La propriété, si l'on peut parler ainsi, est douée d'une raison ou plutôt d'un instinct qui ne l'égare point. Si chaque arpent de terre pouvait prendre une voix et donner son avis, sur cent mille arpens de terre, il y en aurait quatre vingt-dix-neuf mille pour le Roi. N'a-t-on pas vu dans les derniers temps le crédit public devenir la mesure de nos craintes et de nos espérances. L'or fuyait de toutes parts à l'aspect de Bonaparte ; il se rassurait et craignait moins de se montrer à l'approche de Louis XVIII. Quelqu'un a dit qu'il y avait dans la plus petite pièce d'or plus de sagesse, plus de sagacité, plus de finesse, plus de prévoyance que dans la tête du plus grand des ministres. Pourquoi donc ne pas consulter ce thermomètre infaillible des volontés et des intérêts du peuple ? Dans un mois nous connaîtrons les vœux de la nation, parce qu'elle sera représentée par des propriétaires et par des hommes intéressés à la conservation des lois ; mais en attendant cette époque décisive, nous ne craignons pas de dire que la nation française n'a jamais approuvé ni les excès de la révolution, ni la tyrannie de Bonaparte.

FIN.

www.ingramcontent.com/pod-product-compliance
Lightning Source LLC
LaVergne TN
LVHW012223170726
843503LV00005B/2237